Steckbrief Kohlmeise
Sie ist ein Singvogel.
Sie brütet in Höhlen.
Sie frisst vor allem Insekten.
Sie ist die häufigste Meisenart in Europa.
Es gibt bei uns neun verschiedene Meisenarten.

Friederun Reichenstetter

Die Meise

Ein Verlag in der Westermann Gruppe

Dieses Druckprodukt ist mit dem Blauen Engel ausgezeichnet

1. Auflage 2023

Rottendorfer Straße 16, 97074 Würzburg

Text: Friederun Reichenstetter
Cover und Innenillustrationen: Hans-Günther Döring
Gesamtherstellung: Westermann Druck Zwickau GmbH
Gedruckt in Deutschland
ISBN 978-3-401-71969-6

Besuche den Arena Verlag im Netz:
www.arena-verlag.de

Friederun Reichenstetter

Die Meise

Mit Fragen zum Leseverständnis

Bilder von Hans-Günther Döring

Inhalt

Woher die Kohlmeise ihren Namen hat

Die Kohlmeise
hat oben am Kopf
tiefschwarze Federn.
Sie sind schwarz wie Kohle.
Deshalb heißt sie Kohlmeise.

Auch der Hals ist schwarz
und ein Streifen auf der Brust.
Das restliche Brustgefieder
leuchtet gelb.

Kohlmeisen sind größer
und kräftiger als
andere Meisenarten.
Mich nennt man Blaumeise.
Denn ich trage blaue Federn
an Flügeln, Schwanz
und auf dem Kopf.

Wo Kohlmeisen leben

Früher lebten Kohlmeisen
fast nur
in lichten Laubwäldern
mit alten Bäumen.

Dort gibt es
für ihre Nester
Hohlräume in Felsspalten
oder morschen Stämmen.

Heute bewohnen Kohlmeisen
auch Nistkästen in Gärten
und Parkanlagen.

Wir Spechte zimmern
unsere Höhle immer selbst.
Brauchen wir sie nicht mehr,
ziehen oft Kohlmeisen ein.

Was Kohlmeisen fressen

Auf ihrer Speisekarte stehen Insekten, deren Eier und Larven. Die picken sie von Ästen und von der Rinde der Bäume.

Kohlmeisen fressen auch Samen von Blumen und Bäumen.

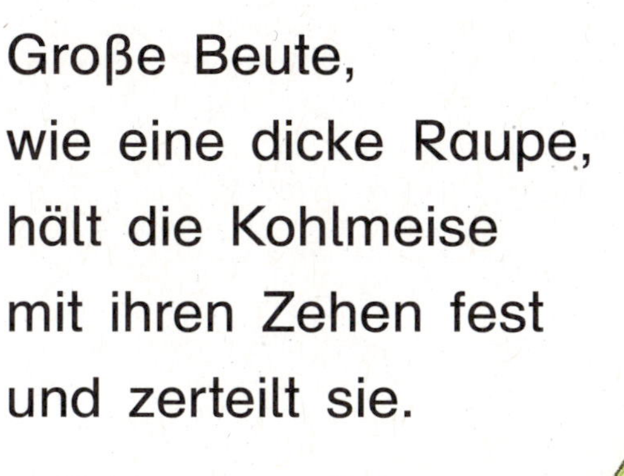

Große Beute,
wie eine dicke Raupe,
hält die Kohlmeise
mit ihren Zehen fest
und zerteilt sie.

Wir Amseln fressen am liebsten
Käfer, Regenwürmer und Asseln.
Die suchen wir am Boden.

Wie Kohlmeisen singen

Der Gesang
der Kohlmeise
besteht aus
verschiedenen Tönen,
Silben und Strophen.

Keine Kohlmeise singt
wie die andere.
Jede hat eigene
Lautfolgen.

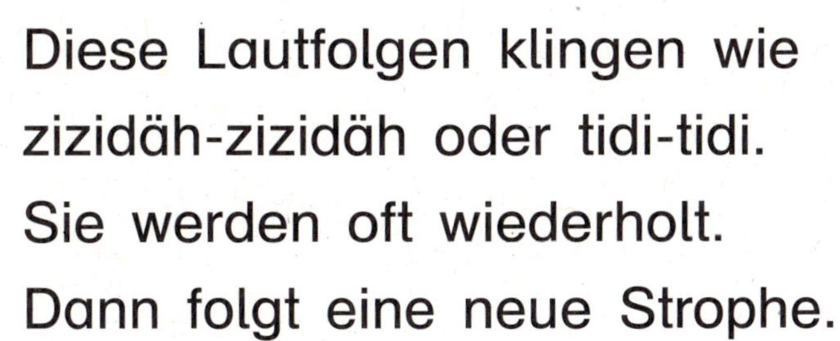

Diese Lautfolgen klingen wie
zizidäh-zizidäh oder tidi-tidi.
Sie werden oft wiederholt.
Dann folgt eine neue Strophe.

Ich bin
die Nachtigall
und singe
bis zu 200 Strophen.

Wie sich Kohlmeisen verständigen

Mit ihrem Gesang unterhalten sich Kohlmeisen miteinander.

Das Kohlmeisen-Männchen kann damit sagen:

Ich suche ein Weibchen.

Das Revier ist schon vergeben!

Und noch viel mehr.

Je länger und lauter das Männchen singt, desto besser kann es sein Revier verteidigen.

Wie Kohlmeisen einen Partner aussuchen

Das Kohlmeisen-Weibchen wählt meistens das Männchen aus, das ausdauernd singen kann. Sein Gesang darf aber nicht dem ihres Vaters gleichen.

Das Kohlmeisen-Paar bleibt einen Sommer zusammen. Gemeinsam kümmert es sich um die Jungen.

Wie Kohlmeisen einen Nistplatz wählen

Sofort nach der Paarung sucht das Männchen eine passende Nisthöhle.

Das Weibchen entscheidet,
welcher Nistplatz
der richtige ist.

Und es fängt sofort an,
das Nest zu bauen.

Wie Kohlmeisen brüten

Das Weibchen legt
sechs bis zwölf Eier.
Jedes Ei ist etwa so groß
wie eine 1-Cent-Münze.

Während es brütet,
wird es
vom Männchen
mit Futter versorgt.

Nach zehn bis 17 Tagen
schlüpfen die Jungen.
Die Mutter wärmt die Küken
unter ihren Flügeln.

Sind die Jungen größer,
füttern beide Eltern.

Wie es mit dem Nachwuchs weitergeht

Nach drei Wochen verlassen die Jungen das Nest.
Ihre Eltern versorgen sie noch einige Tage lang.

Junge Männchen schließen sich zu Gruppen zusammen.
Im Herbst versuchen sie dann, eigene Reviere zu erobern.

Wie Kohlmeisen die Bäume schützen

Einen Teil ihrer Nahrung
finden Kohlmeisen
unter der Rinde von Bäumen.

Dort sitzen auch der Borkenkäfer
und seine Larven.
Sie können ganze Wälder zerstören.

Für die Kohlmeise
sind sie ein Leckerbissen.
So helfen sie den Bäumen.

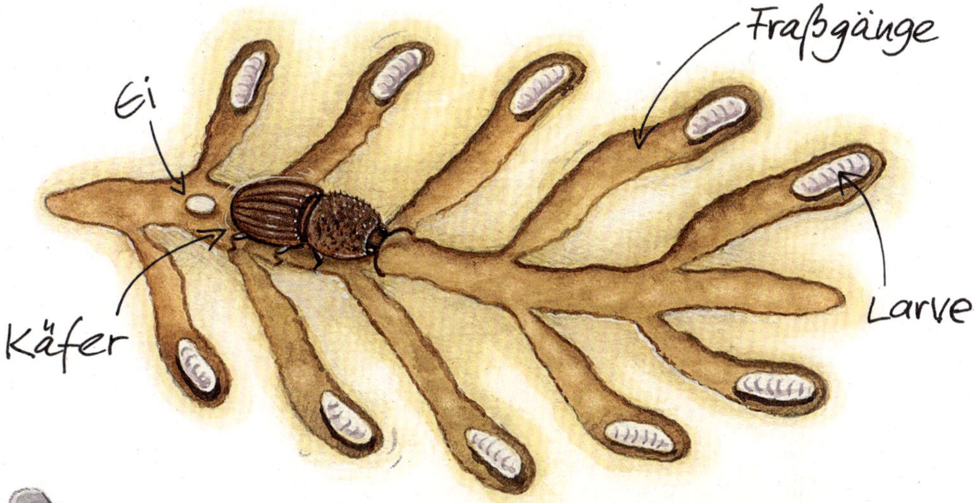

Fraßgänge
Ei
Larve
Käfer

Auch wir Kleiber fressen
Insekten und Spinnen.
Die picken wir
von der Baumrinde.

Was für Kohlmeisen gefährlich ist

Das erste Jahr überleben
viele junge Kohlmeisen nicht.
Sie werden von Katzen
und Greifvögeln erbeutet.

Kohlmeisen fressen Insekten.
Auf Wiesen und Äckern
wird häufig Gift versprüht.
Das Gift vernichtet Wildpflanzen,
also die Nahrung für Insekten.
Gibt es nicht genug Insekten,
müssen die Vögel hungern.

Wie Kohlmeisen den Winter verbringen

Kohlmeisen bleiben im Winter
meistens in ihrem Brutgebiet.
Sie ernähren sich dann
von Insekten in Winterstarre.
Die finden sie
unter der Rinde der Bäume.

Sie besuchen auch Futterplätze.
Ölhaltige Sonnenblumenkerne
und verschiedene andere Samen
helfen ihnen über den Winter.

Wir Rotschwänzchen
verbringen den Winter
in warmen Ländern.

Du und die Singvögel

Wildblumen sind wichtig
für Insekten und Singvögel.
Wenn ihr Wildblumen aussät,
helft ihr den Vögeln.

Es ist egal, ob im Garten,
im Blumenkasten
oder um Bäume am Straßenrand.
Vergesst aber nicht,
die Blumen zu gießen!

Wenn ihr einen Garten habt,
könnt ihr auch einen Nistkasten
an einem Baum befestigen.

Eine Meisengeschichte

Die besonders kluge Meise

Tidi-tidi! Ich bin Holly Kohlmeise.
Jeden Morgen beobachte ich
einen Mann in der London-Street.
Er stellt weiße Flaschen
mit glitzernden Deckeln
vor die Türen der Menschen.

Ich habe sie mal untersucht,
diese Flaschen.
Auf einem Deckel
habe ich ein wenig herumgepickt.
Und siehe da –
der Deckel bekam ein Loch.

Ich verrate dir etwas:
Der Inhalt ist köstlich!

Das hat sich
blitzschnell herumgesprochen.
Seitdem gibt es nur noch
aufgepickte Flaschen.

Und so kam es,
dass die Milchflaschen nun
einen festen Deckel haben.
Bestimmt kriegen wir den
irgendwann auch noch auf.
Denn wir Meisen sind schlau.

Meisenarten, die es bei uns gibt

Die Kohlmeise
ist die größte Meisenart.

Die Blaumeise mag
lichte Laubwälder
und fühlt sich
in Gärten wohl.

Die Haubenmeise
kann ihre Federhaube
anlegen und aufstellen.

Die Sumpfmeise ähnelt der Weidenmeise. Sie lebt in Mischwäldern, Parks und Gärten. Ihr Ruf klingt: „pitsü“.

Die Tannenmeise findet man in Nadelwäldern.

Die Weidenmeise lebt in feuchten Gebieten wie Auwäldern. Sie ruft: „zizidääh däh“.

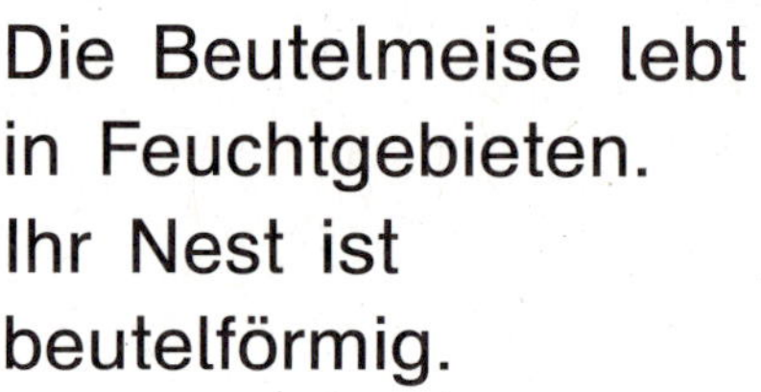

Die Beutelmeise lebt
in Feuchtgebieten.
Ihr Nest ist
beutelförmig.

Die Schwanzmeise
hat sehr lange
Schwanzfedern.

Schwanzmeisen und Beutelmeisen
sind eigenständige Familien.
Sie werden aber
zu den Meisen gezählt.

Weißt du die Antworten?

Wer zimmert seine Höhle immer selbst?

Fressen Kohlmeisen nur Insekten?

Bleiben Kohlmeisen ein Leben lang zusammen?

Wie schützen Kohlmeisen Bäume?

Wann verlassen die jungen Meisen das Nest?

Friederun Reichenstetter
studierte Sprachen in München, Straßburg und London. Danach arbeitete sie für verschiedene internationale Organisationen im In- und Ausland. Seit vielen Jahren ist sie freiberufliche Autorin und schreibt Kinder- und Sachbücher. Sie lebt mit ihrem Mann in München.

Hans-Günther Döring
hat nach einer Ausbildung zum Schauwerbegestalter Kommunikationsdesign und Illustration in Hamburg studiert. Die Natur liegt ihm besonders am Herzen. Wenn er nicht am Zeichentisch sitzt, unternimmt er gerne ausgedehnte Wanderungen zu Fuß, mit dem Fahrrad oder dem Paddelboot – wobei sein Hund Oskar ihn gerne und oft begleitet. Er lebt mit seiner Familie in einem kleinen Ort bei Hamburg.

Die Delfine
978-3-401-71834-7

Die Eulen
978-3-401-71774-6

Der Wald
978-3-401-71730-2

Der Fuchs
978-3-401-71722-7

Jeder Band: Ab 6 Jahren • Sachwissen für Erstleser • Durchgehend farbig illustriert • Gebunden • Format 15,9 x 21,1 cm

Innenseite aus »Der Igel« • ISBN 978-3-401-71724-1